This book belongs to

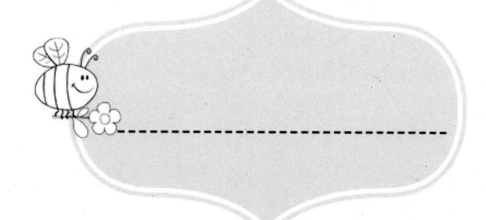

English - bulgarian

muscle

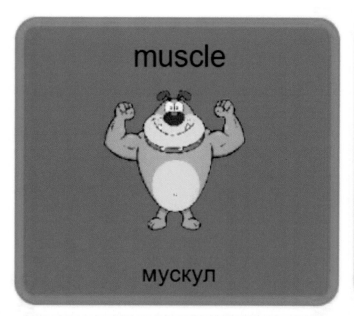

мускул

walrus

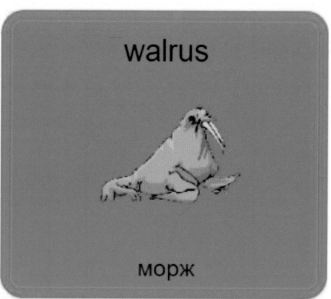

морж

gorilla

горила

photographer

фотограф

three

три

pomegranate

нар

shoes

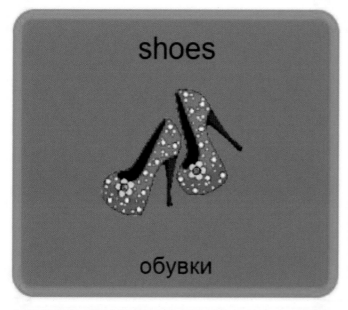

обувки

turtle

костенурка

one

един

snake

змия

twenty

двадесет

tongue

език

body

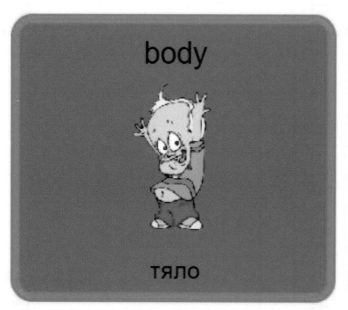

тяло

animals

животни

cheetah

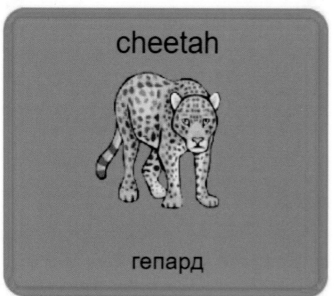

гепард

toy

играчка

twelve

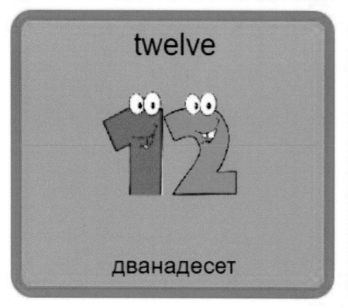

дванадесет

rob

грабя

tooth

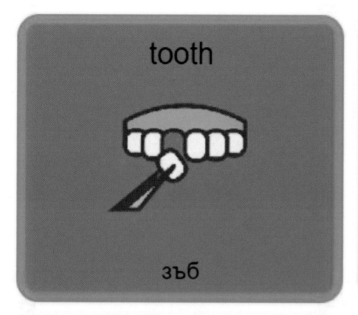

зъб

turnip

ряпа

strawberry

ягода

door

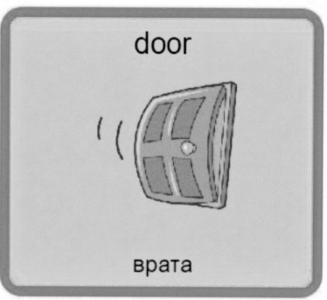

врата

princess

принцеса

banana

банан

panda

панда

man

мъж

squirrel

катерици

boy

момче

shovel

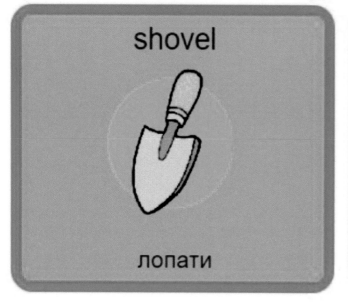

лопати

angel

ангел

candy

бонбони

chicken

пиле

reindeer

северен елен

soup

супа

bed

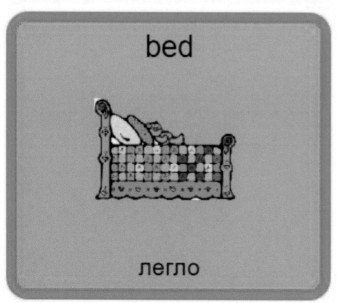

легло

butterfly

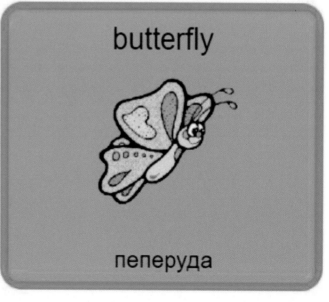

пеперуда

nut

ядки

nest

гнездо

donut

понички

camera

камера

two

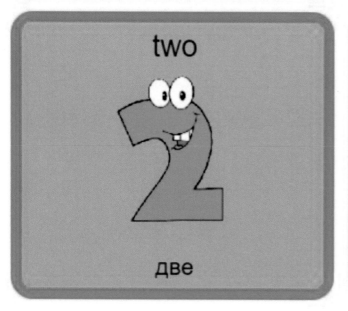

две

pink

розов

flower

цвете

cake

торта

gray

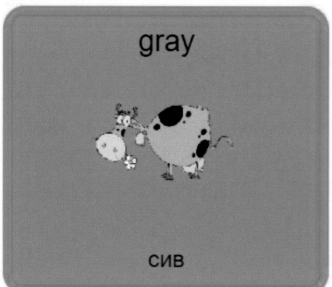

сив

toad

жабче

zipper

цип

peach

праскова

bean

боб

beard

брада

magician

магьосник

cherry

череша

car

кола

owl

бухал

cactus
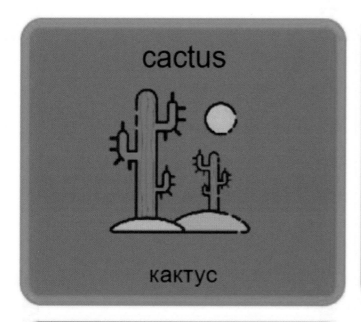
кактус

doll

кукла

potato

картоф

ball
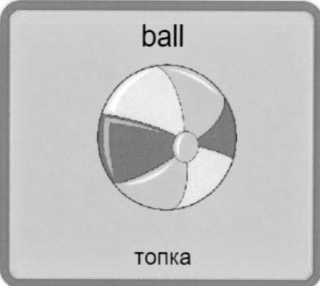
топка

violin

цигулка

hand
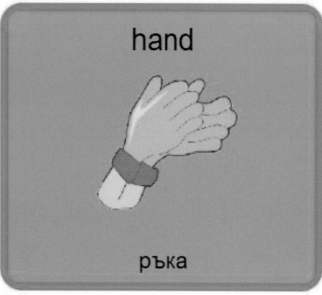
ръка

yellow

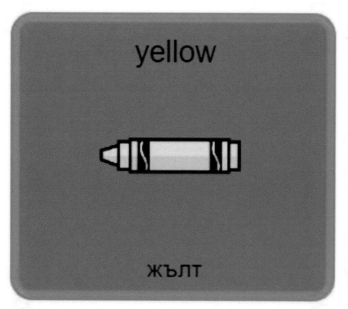

жълт

monkey

маймуна

ketchup

кетчуп

bread

хляб

meat

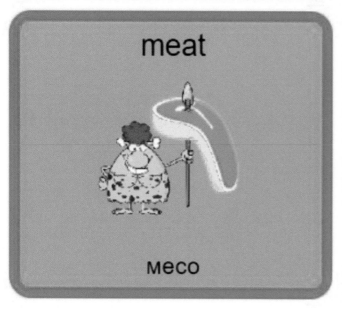

месо

chair

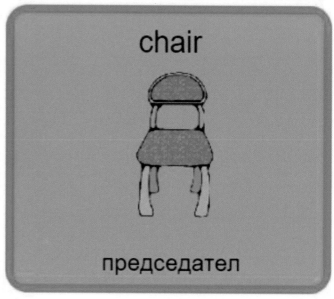

председател

hill

хълм

coat

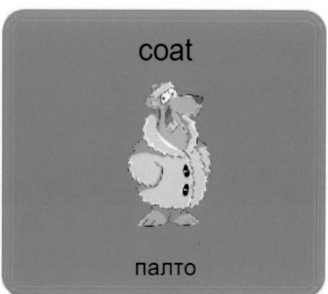

палто

raspberry

малина

hammer

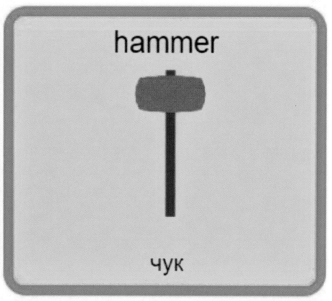

чук

elbow

лакът

kitchen

кухня

duck

патица

alligator

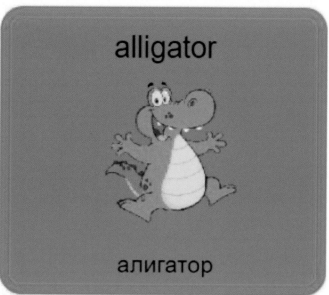

алигатор

parrot

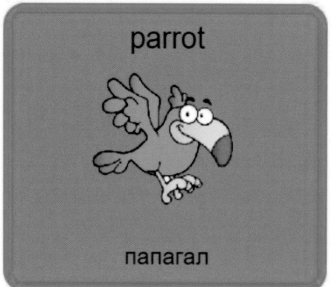

папагал

boar

глиган

bell

звънец

barber

бръснар

tangerine

мандарина

lizard

гущер

eighteen

осемнадесет

money

пари

musician

музикант

mouth

уста

pizza

пица

peanut

фъстък

scooter

скутери

ears

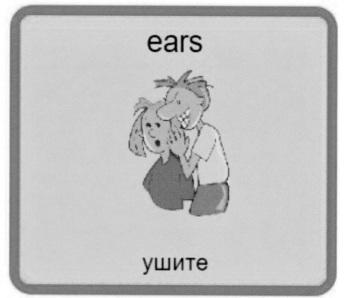

ушите

tiger

тигър

oyster

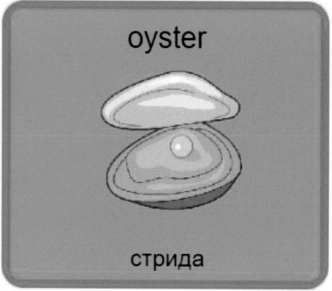

стрида

window

прозорец

boat

лодка

house

къща

head

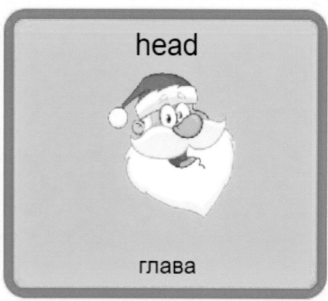

глава

yak

як

towel

хавлиена кърпа

fifty

петдесет

hen

кокошка

paintbrush

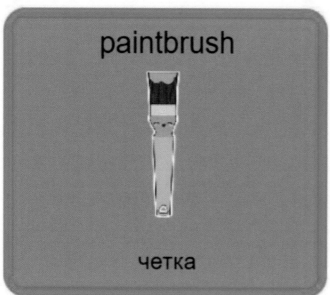

четка

witch

вещици

pudding

пудинг

nurse

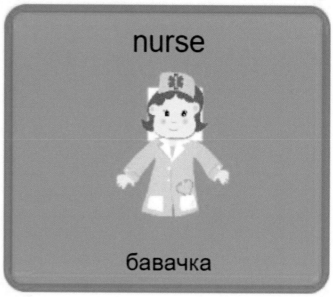

бавачка

hip

хип

kangaroo

кенгуру

stick

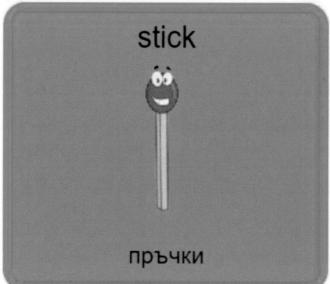

пръчки

chick

пиленца

arm

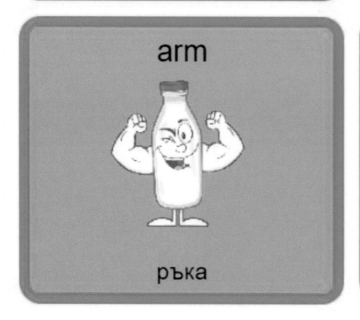

ръка

ant

мравка

rabbit

заек

barrow

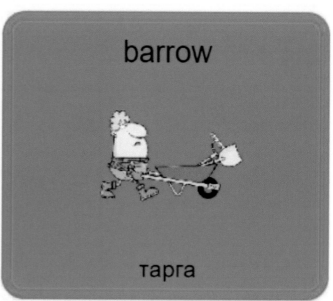

тарга

bee

пчела

worm

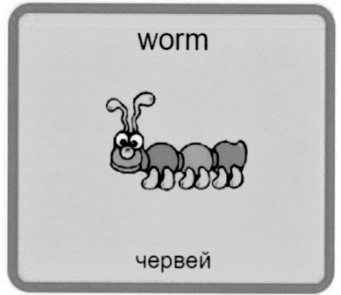

червей

ice cream

сладолед

grapefruit

грейпфрут

goat

коза

nine

девет

oven

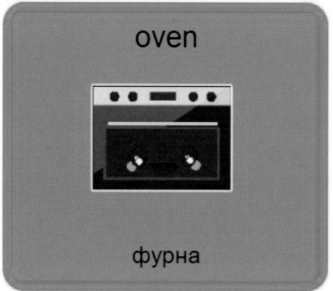

фурна

plum

слива

deer

елен

tea

чай

quail

пъдпъдък

king

цар

wood

дърво

jeep

джипове

cab
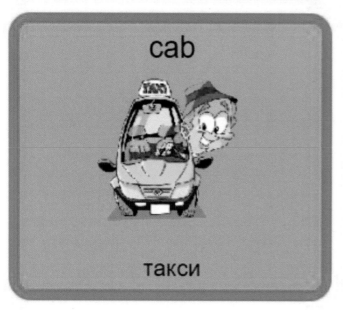
такси

mole

къртица

one hundred

сто

cookie

курабийка

white

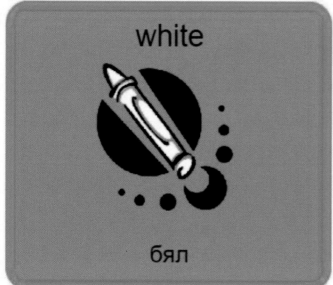

бял

spider

паяк

red

червен

backpack

раница

vase
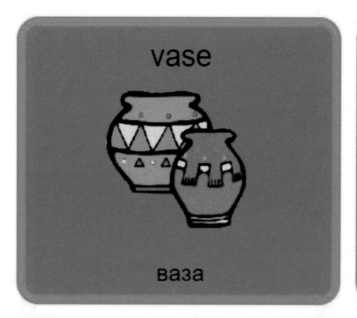
ваза

carrot

морков

bottle

бутилка

mirror

огледало

finger
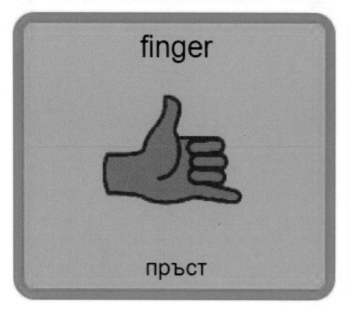
пръст

cop

полицай

flag

флаг

bear

мечка

train

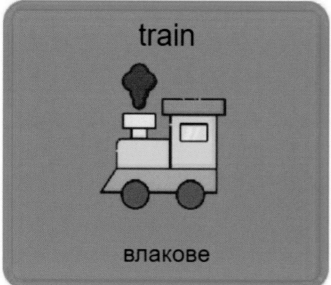

влакове

him

него

steak

пържола

fire

пожар

zero

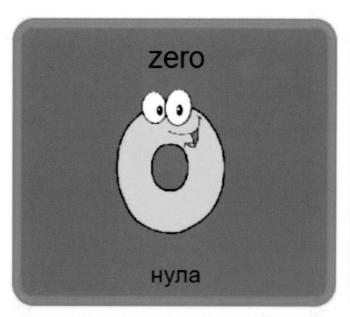

нула

salad

салата

mother

майка

honey

пчелен мед

knife

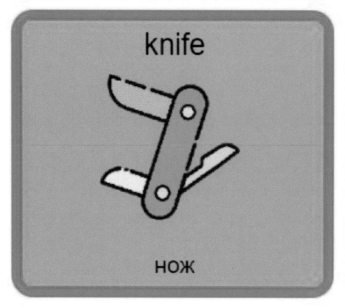

нож

blue

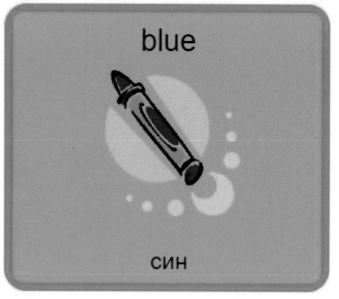

син

mushroom

гъба

artist

художник

broccoli

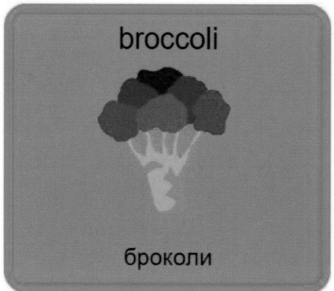

броколи

sausage

наденица

sister

сестра

ostrich

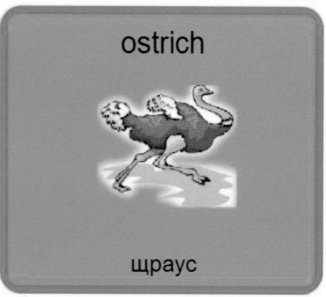

щраус

four

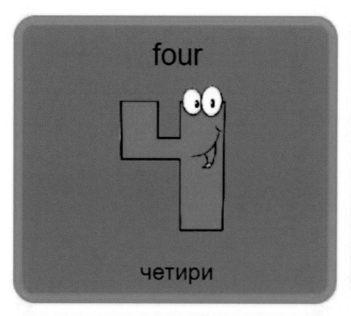

четири

knight

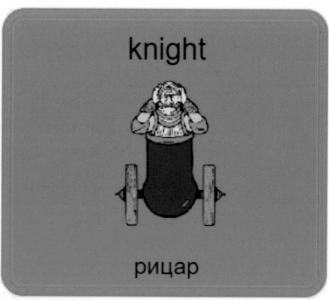

рицар

skunk

скунксове

picture

снимка

pillow

възглавница

juice

сок

milk

мляко

box

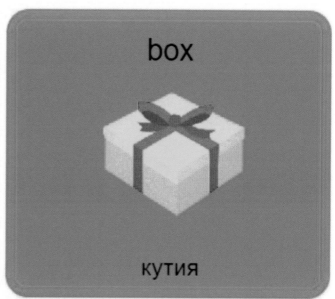

кутия

chili

чили

kids

деца

cat

котка

mermaid

морска сирена

acorn

жълъди

maid

слуга

nineteen

деветнайсет

nose

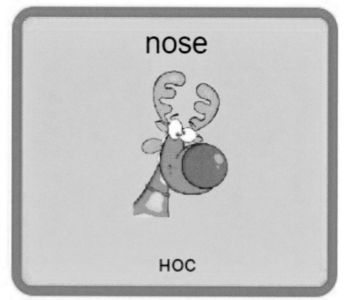

нос

egg

яйца

mouse

мишки

seeds

семена

iguana

игуана

pirate

пират

sheep

овца

pelican

пеликан

bag

чанта

baby

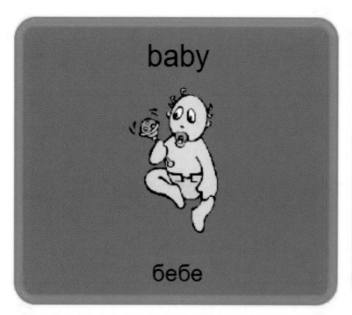

бебе

peas

грах

knee

коляно

cheese

сирене

ham

шунка

insect

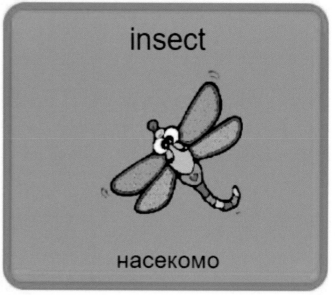

насекомо

zebra

зебра

fish

риба

penguin

пингвин

pan

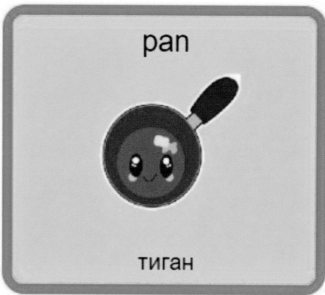

тиган

father

баща

tomato

домат

kiwi

киви

tree

дърво

wolf

вълк

shoulder

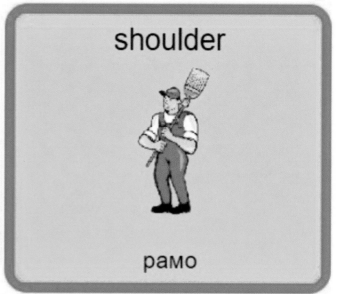

рамо

rat

плъх

leader

лидерите

ice

лед

chin

брадичка

hair

коса

girl

момиче

swan

лебед

fourteen

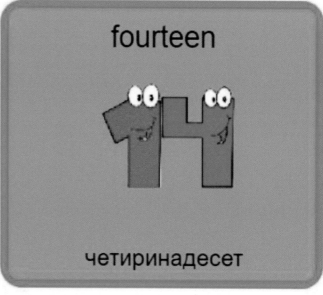

четиринадесет

rooster

петел

thumb

палците

wreath

венец

politician

политик

brown

кафяв

anchor

котва

neck

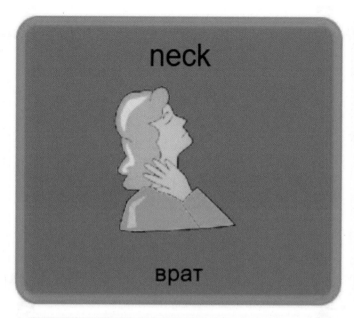

врат

children

деца

ten

десет

rocket

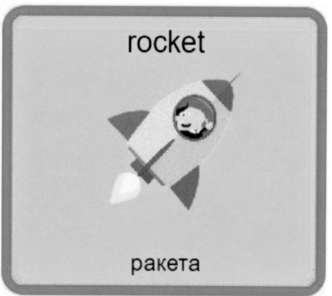

ракета

jug

кана

face

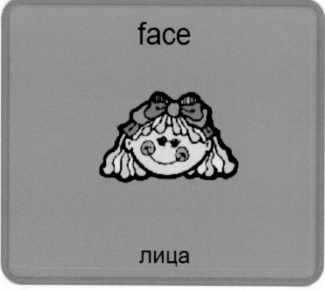

лица

mare

кобила

jam

конфитюр

giraffe

жираф

six

шест

doctor

лекар

dolphin
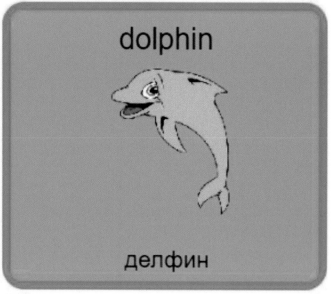
делфин

ring

пръстен

airplane

самолет

butcher

касапин

eagle

орел

bird

птица

five

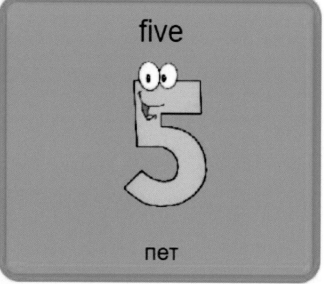

пет

apple

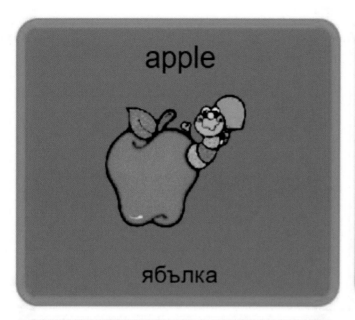

ябълка

bookshelf

рафт

pot

гърне

fly

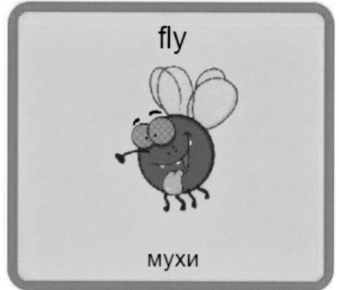

мухи

book

книга

black

черно

puppy

кученце

clam

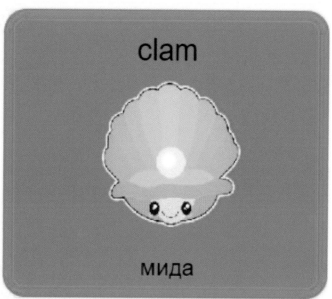

мида

manager

мениджър

sandwich

сандвичи

kitten

коте

toddler

малки деца

Made in the USA
Coppell, TX
05 February 2021